Psicología
INFANTIL

Una publicación de
UNIVERSIDAD HUMANITAS

ola
PUBLISHING
INTERNACIONAL

Hola Publishing Internacional
Eugenio Sue 79, int. 4, Col. Polanco
Miguel Hidalgo, C.P. 11550
Ciudad de México, México

Primera edición, agosto 2025
ISBN: 978-1-63765-812-3
Número de control de la Biblioteca del Congreso: 2025915584

UNIVERSIDAD **H** HUMANITAS

FUNDADA EN 1979

Dedicado a...

Todo lector que busca comprender las complejidades de la infancia desde el corazón y la conciencia.

Este libro es para quienes saben que, al adentrarnos en el mundo interno de los niños, también abrimos una ventana a nuestro propio pasado: sanamos heridas, reconocemos nuestras sombras y redescubrimos nuestra esencia.

Porque comprender la infancia no es sólo una tarea académica, también es un acto profundo de humanidad. Es un compromiso con la empatía, el amor y la claridad al acompañar a nuestros hijos, alumnos o seres queridos.

Que estas páginas sean una guía y también un espejo; una oportunidad para crecer, transformarnos y ser mejores personas.

Con cariño y compromiso
UNIVERSIDAD HUMANITAS

Prólogo

Este libro nace como una propuesta académica y humanista para comprender el desarrollo infantil desde una perspectiva integral.

Reúne las aportaciones de los principales referentes en psicología clásica y contemporánea—Sigmund Freud, Jean Piaget, Lev Vygotsky, John Bowlby, Melanie Klein, Donald Winnicott, Anna Freud, Erik Erikson, Jacques Lacan, entre otros—articuladas en torno a una misma convicción: la infancia es un territorio complejo, profundo y decisivo en la construcción del ser humano.

Dirigido a estudiantes, educadores, psicólogos, terapeutas, orientadores y cuidadores, este texto busca acercar el conocimiento teórico a la experiencia viva de quienes acompañan a niños y niñas en sus procesos de crecimiento emocional, cognitivo, simbólico y social.

Cada capítulo desarrolla con claridad los fundamentos de un autor, contextualiza sus ideas, las aplica al trabajo clínico o educativo, e incluye recursos visuales para profundizar la experiencia de lectura.

Lejos de ofrecer recetas, este libro invita a pensar, sentir y acompañar desde el respeto y la empatía.

Porque comprender la infancia no es sólo una tarea técnica o profesional: es un acto ético y humano.

Índice

CAPÍTULO 1

Introducción al desarrollo infantil

La infancia como etapa fundacional

La infancia representa el umbral del ser humano en el mundo. No es sólo una fase previa a la adultez, sino un periodo de extraordinaria complejidad y transformación. Durante los primeros años de vida, se conforman las bases sobre las que se erigirá toda la vida psíquica, emocional, cognitiva y social del individuo.

Durante siglos, las sociedades han oscilado entre idealizar la infancia o ignorarla. En la Edad Media, por ejemplo, los niños eran considerados adultos en miniatura, sin derechos propios ni identidad diferenciada.

Fue a partir de la Ilustración, y más intensamente en los siglos XIX y XX, que se empezó a considerar a la infancia como una etapa única, con necesidades, lenguaje y formas de comprensión propias.

La psicología moderna ha consolidado esta mirada, demostrando que los primeros vínculos, los aprendizajes tempranos, los estímulos del entorno y las experiencias emocionales marcan de manera indeleble el modo en que un individuo se vincula consigo mismo y con los demás a lo largo de su vida.

• • •

Diversos enfoques para comprender al niño

El estudio del desarrollo infantil ha estado influido por distintas corrientes psicológicas, cada una con aportes valiosos. A continuación, destacamos algunos enfoques fundamentales:

Psicoanalítico: Concibe al niño como un sujeto atravesado por deseos inconscientes. Las experiencias infantiles configuran estructuras psíquicas que, de no resolverse adecuadamente, pueden generar síntomas en la adultez.

Cognitivo: Se enfoca en cómo los niños construyen activamente su conocimiento, pasando por etapas cualitativamente distintas en su pensamiento.

Sociocultural: Enfatiza la interacción social y el lenguaje como pilares del aprendizaje y desarrollo.

Psicosocial: Considera que el desarrollo personal está influido por las demandas sociales de cada etapa vital.

Del apego: Estudia cómo la calidad del vínculo afectivo temprano influye en la capacidad de establecer relaciones sanas y en la estabilidad emocional futura.

Cada enfoque aporta una comprensión parcial, pero complementaria.

Plasticidad y vulnerabilidad en la infancia

Uno de los grandes descubrimientos de la psicología contemporánea es la plasticidad cerebral infantil.

El cerebro del niño se encuentra en una etapa de máxima receptividad: puede formar conexiones sinápticas rápidamente, aprender múltiples lenguas, absorber información sensorial y emocional con gran intensidad. Esta plasticidad es un recurso evolutivo poderoso, pero también un factor de riesgo.

Un ambiente hostil—con violencia, negligencia o abandono emocional—puede alterar el desarrollo neuronal y emocional, afectando la autoestima, la regulación de impulsos o la capacidad de confiar. Por eso, la presencia de figuras afectivas constantes, empáticas y respetuosas es un factor protector fundamental.

La infancia, entonces, es un tiempo frágil pero fértil. Sembrar amor, cuidado y límites claros en esta etapa es una inversión ética, emocional y social de incalculable valor.

El adulto como espejo, base y guía

La forma en que los adultos interactúan con los niños tiene un profundo impacto en su desarrollo. Las miradas que les dirigimos, las palabras que usamos, el tono emocional con el que los acompañamos, configuran su imagen interna del mundo y de sí mismos.

Desde una perspectiva humanista, el adulto no debe imponer, sino sostener; no debe domesticar, sino escuchar; no debe moldear, sino facilitar. Ser guía no significa tener todas las respuestas, sino caminar al lado del niño con apertura, respeto y firmeza amorosa.

Este enfoque implica también desaprender modelos autoritarios o punitivos, donde el niño pueda expresar sus emociones, explorar sus intereses y sentirse validado.

Ejes transversales del desarrollo

A lo largo de este libro, se explorarán cinco ejes que estructuran la comprensión integral del desarrollo infantil:

Psíquico: ¿Cómo se forma el aparato psíquico? ¿Qué papel juegan los sueños, los miedos, los deseos?

Cognitivo: ¿Cómo evoluciona el pensamiento lógico, la memoria y la atención en la infancia?

Socioafectivo: ¿Cómo se construyen los vínculos? ¿Qué significa tener un apego seguro?

Moral y ético: ¿Cuándo y cómo surge la noción del bien y del mal en los niños?

Cultural y simbólico: ¿Cómo influye el entorno sociocultural, el juego,el arte y el lenguaje simbólico?

—————— Reflexión final ——————

Comprender la infancia es un acto profundamente ético. No se trata sólo de diagnosticar o intervenir, sino de reconocer al niño como un sujeto pleno, con derechos, emociones y dignidad.

Este capítulo es el inicio de un viaje hacia una mirada más respetuosa, profunda y transformadora de la niñez.

A lo largo de este libro, nos adentraremos en las teorías que dieron origen a esta comprensión, siempre con un enfoque aplicado, reflexivo y crítico.

Te invitamos a leer cada capítulo desde la sensibilidad, el compromiso y la escucha interior, no sólo desde el intelecto.

Etapas del
desarrollo
INFANTIL

Psicoanálisis
(Freud, Klein, Winnicott)
- Deseo inconsciente
- Relación madre-bebé
- Juego simbólico

Cognitivo
(Piaget)
- Etapas del pensamiento lógico
- Construcción activa del conocimiento

Sociocultural
(Vygotsky)
- Lenguaje y cultura como motores del desarrollo
- Zona de Desarrollo Próximo

Apego
(Bowlby)
- Vínculos seguros
- Regulación emocional

Psicosocial
(Erikson)
- Crisis vitales
- Identidad personal

CAPÍTULO 2

Sigmund Freud:

Las etapas
psicosexuales

Freud y el nacimiento de la psicología del inconsciente

Sigmund Freud (1856–1939) es considerado el fundador del Psicoanálisis y uno de los pensadores más influyentes del siglo XX.

Su aporte a la Psicología fue revolucionario: planteó que gran parte de la vida psíquica humana está determinada por los procesos inconscientes, deseos reprimidos y conflictos internos que se originan, principalmente, en la infancia.

Freud fue el primer autor en afirmar que la infancia no sólo es importante por los aprendizajes visibles (caminar, hablar, socializar), también por los conflictos invisibles que ahí se gestan y que marcarán el resto de la vida emocional del sujeto.

Según su teoría, las pulsiones (instintos sexuales y agresivos) atraviesan diversas fases en los primeros años de vida, y la manera en que éstas son gestionadas determinan la salud psíquica del adulto.

• • •

¿Qué es el desarrollo psicosexual?

Freud propuso que el desarrollo infantil está regido por una evolución de la libido (energía sexual o de vida) que se desplaza por distintas zonas del cuerpo, denominadas zonas erógenas, además de representar el placer físico, están asociadas con funciones psíquicas más complejas como la relación con el cuerpo, el control, la identidad y la relación con los otros.

Cada etapa del desarrollo psicosexual representa una fase del deseo, una modalidad de placer y una forma particular de relación con el entorno. Si el niño atraviesa adecuadamente cada etapa —es decir, sin fijaciones ni represiones excesivas—, podrá avanzar hacia una personalidad integrada y saludable.

Las cinco etapas del desarrollo psicosexual

1) Etapa oral (0–1 año y medio aprox.)

o Zona erógena: boca, labios, lengua.

o Actividades: succión, alimentación, vocalización.

o Sentido psíquico: incorporación del mundo, primer vínculo con la madre.

Riesgos:
Fijación oral (dependencia, conductas adictivas, pasividad o agresividad verbal).

2) Etapa anal (1.5–3 años aprox.)

o Zona erógena: ano, control de esfínteres.

o Actividades: retención o expulsión, control corporal.

o Sentido psíquico: autonomía, control, poder personal.

Riesgos:
Fijación anal (perfeccionismo, rigidez, desorden o rebeldía excesiva).

3) Etapa fálica (3–6 años aprox.)

o Zona erógena: genitales.

o Concepto clave: complejo de Edipo (deseo hacia el progenitor del sexo opuesto y rivalidad con el del mismo sexo).

o Sentido psíquico: formación de la identidad sexual, integración del deseo y la ley.

Riesgos:
Inhibición del deseo, culpa, dificultades en las relaciones amorosas.

4) Etapa de latencia (6–11 años aprox.)

o Características: el deseo sexual se reprime; la energía se orienta a la escuela, el deporte, la amistad.

o Sentido psíquico: consolidación de habilidades sociales y cognitivas.

Riesgos:
Inhibiciones excesivas, bloqueos emocionales, escasa autoestima.

5) Etapa genital (a partir de la pubertad)

o Zona erógena: genitales (relación sexual madura).

o Características: integración de los impulsos infantiles en una sexualidad adulta, amor y compromiso.

o Sentido psíquico: vinculación afectiva y creativa con el otro.

Riesgos:
Regresiones, dificultades de intimidad o desvinculación afectiva.

Fijaciones y regresiones: huellas infantiles en el adulto

Freud señaló que, cuando un niño no logra resolver adecuadamente los conflictos de una etapa, puede quedar fijado en ella, lo cual se manifiesta en la adultez como síntomas o rasgos disfuncionales.

Por ejemplo, una fijación en la etapa oral puede derivar en tabaquismo, ansiedad oral (morderse las uñas, comer compulsivamente), o necesidad extrema de aprobación.

Asimismo, frente a situaciones de estrés o trauma, el adulto puede regresar psíquicamente a etapas anteriores (regresión), mostrando conductas inmaduras o desorganizadas que remiten a conflictos infantiles no resueltos.

Comprender estas dinámicas es esencial para terapeutas, educadores y cuidadores, ya que permite mirar con mayor profundidad los síntomas, así como, las conductas del niño y del adulto, para abordarlos desde su raíz emocional.

Implicaciones educativas y terapéuticas

Desde una mirada humanista-psicoanalítica, no se trata de "corregir" al niño, sino de comprender su deseo y acompañarlo en su proceso sin reprimir ni exigir una madurez prematura.

En el ámbito educativo, esta teoría nos invita a:
o Respetar los ritmos de desarrollo sin forzar aprendizajes.
o Evitar castigos excesivos en momentos clave (por ejemplo, el control de esfínteres).
o Observar las fantasías y simbolizaciones que los niños expresan en el juego.
o Promover vínculos empáticos donde el niño pueda elaborar sus conflictos sin culpa ni vergüenza.

———— Reflexión final ————

El pensamiento de Freud marcó un antes y un después en la comprensión del desarrollo humano. Al colocar la sexualidad infantil a modo de eje estructurante del psiquismo, abrió un camino profundo y, muchas veces, incómodo, que aún hoy genera resistencias.

Sin embargo, su teoría sigue siendo una herramienta poderosa para entender la complejidad del ser humano desde sus orígenes.

Este capítulo no pretende ofrecer fórmulas, sino brindar un marco de comprensión que permita leer los síntomas, los juegos, las fantasías y los silencios infantiles como manifestaciones del deseo, la angustia, asimismo la subjetividad en formación.

Sigmund Freud
Desarrollo
PSICOSEXUAL

Oral (0 - 1.5 años)
- Succión, placer en la boca.
- Clave: vínculo con la madre.

Anal (1.5 - 3 años)
- Control de esfínteres.
- Clave: autonomía, orden.

Fálica (3 -6 años)
- Genitalidad, Edipo.
- Clave: identidad sexual.

Latencia (6 - 11 años)
- Deseo latente, aprendizaje.
- Clave: socialización, sublimación.

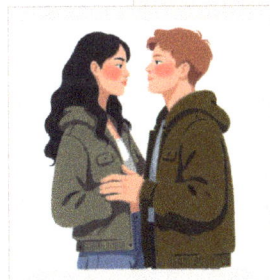

Genital (12 años en adelante)
- Madurez sexual y afectiva.
- Clave: integración, vínculo amoroso.

CAPÍTULO 3

Melanie Klein:

Fantasía inconsciente y juego

Melanie Klein:
Pionera del
psicoanálisis infantil

Melanie Klein (1882–1960) fue una psicoanalista austriaca que transformó radicalmente el campo del psicoanálisis al introducir un enfoque centrado en la infancia temprana.

Fue la primera en desarrollar una técnica sistemática para analizar directamente a niños pequeños, sin esperar a que alcanzaran una edad verbal madura.

A diferencia de Freud, quien trabajó con adultos que hablaban sobre su infancia, Klein escuchó directamente a los niños a través del lenguaje del juego.

Para Klein, los niños son capaces de tener una vida psíquica compleja, y en sus juegos proyectan sus deseos, angustias, fantasías y conflictos.

Esto le permitió acceder al inconsciente infantil de manera directa, transformando la comprensión clínica de la infancia.

. . .

El juego como lenguaje del inconsciente

Klein afirmó que el juego ocupa en los niños el lugar que los sueños ocupan en los adultos. Es decir, a través del juego simbólico, el niño dramatiza sus conflictos internos, representa sus vínculos y proyecta su mundo interno.

Las figuras, muñecos, escenarios y repeticiones que realiza no son casuales: tienen un valor profundo que debe ser leído en su contexto afectivo y familiar.

Ejemplo: Un niño que juega a que un muñeco ataca a otro, podría elaborar sentimientos de agresión o angustia relacionados con el nacimiento de un hermano, un conflicto con sus padres o una experiencia de abandono.

El juego para Klein no es entretenimiento, sino una forma de pensar, sentir y transformar la angustia.

La fantasía inconsciente

La noción central en la teoría kleiniana es la de fantasía inconsciente. No se trata de fantasías conscientes o imaginaciones, sino de representaciones internas que el niño crea desde sus primeras experiencias corporales y emocionales.

Estas fantasías tienen una base pulsional —es decir, están ligadas a los impulsos de vida y muerte— que se proyectan en los objetos del entorno (especialmente la madre que sus partes).

Desde los primeros meses de vida, el bebé comienza a vivir sus experiencias corporales (succión, hambre, satisfacción, frustración como experiencias afectivas, que se estructuran en fantasías de amor, destrucción, reparación y culpa.

Las posiciones psíquicas:
esquizoparanoide y depresiva

Klein propuso que los bebés atraviesan posiciones psíquicas, que son modos estructurales de relacionarse con el mundo. Éstas no son etapas cronológicas, sino modos que coexisten y se alternan a lo largo de la vida.

1) Posición esquizoparanoide (0 a 3-4 meses)

o El bebé divide el objeto (madre) en "bueno" (cuando satisface) y "malo" (cuando frustra).

o Vive intensamente el miedo a ser atacado por el objeto "malo".

o Se defiende mediante mecanismos como la escisión, la proyección y la idealización.

o El mundo es vivido en términos extremos: todo es bueno o malo.

2) Posición depresiva (4 meses en adelante)

o El bebé comienza a integrar que el objeto "bueno" y el "malo" es el mismo (la madre).

o Esto produce una sensación de culpa y tristeza: ha dañado (en su fantasía) al objeto amado.

o Surgen sentimientos de reparación, ternura y responsabilidad afectiva.

Estas posiciones son fundamentales para la salud mental. Una persona que no logra consolidar la posición depresiva puede tener dificultades para tolerar la ambivalencia, el conflicto y la pérdida.

Aportes clínicos y educativos

Los descubrimientos de Klein tienen implicaciones profundas para el trabajo con niños:

o En psicoterapia: El juego se convierte en el medio principal para escuchar al niño. No se interpreta literalmente, sino desde su valor simbólico y afectivo.

o En educación: El educador atento puede observar las expresiones simbólicas del juego y detectar angustias, miedo o deseos que no se expresan verbalmente.

o En el hogar: Comprender que el niño no juega "porque sí", sino porque necesita representar su mundo interno, permite a padres y cuidadores acompañar sus procesos.

——————— Reflexión final———————

Melanie Klein nos enseñó que el niño es un sujeto con una vida emocional intensa y compleja desde los primeros meses.

Su teoría nos invita a mirar el juego con otros ojos, a leer en él no sólo conductas sino símbolos. El adulto que acompaña a un niño debe tener la humildad de escuchar lo que el niño no dice con palabras, sino con acciones, repeticiones, silencios y fantasías.

Klein también nos recuerda que la agresión no es algo que debe ser suprimido, sino comprendido, y que el amor infantil está marcado por la culpa, la reparación y el deseo de cuidar al otro. Esa es, quizás, la esencia más profunda de lo humano.

Claves del
DESARROLLO INFANTIL

Fantasía inconsciente
- Representaciones internas del deseo, amor, odio y culpa.

Juego simbólico
- Medio para expresar conflictos psíquicos en niños.

Posición esquizoparanoide
- Escisión del objeto: "madre buena" vs. "madre mala".
- Miedo persecutorio.

Posición depresiva
- Integración del objeto: amor y odio en la misma figura.
- Aparición de culpa, reparación y responsabilidad afectiva.

Acompañamiento adulto
- Observar el juego con sensibilidad.
- No interpretar literalmente, sino simbólicamente.

H

CAPÍTULO 4

Anna Freud:

Las defensas del Yo en la infancia

Anna Freud: Psicoanálisis y desarrollo del Yo

Anna Freud (1895–1982), hija de Sigmund Freud, fue una figura clave en el desarrollo del psicoanálisis infantil.

Si bien heredó muchas de las ideas de su padre, aportó un enfoque distintivo: mientras Freud se centraba en las pulsiones y el inconsciente, Anna dirigió gran parte de su trabajo al fortalecimiento del Yo y a las defensas psíquicas que éste utiliza frente a las exigencias internas y externas.

Anna Freud trabajó con niños en contextos adversos —orfanatos, guerras, pérdidas familiares— y desde allí desarrolló una comprensión más empática, estructurada y evolutiva del psiquismo infantil.

Fue pionera en adaptar el encuadre clínico a las necesidades reales del niño, promoviendo una técnica de observación, acompañamiento y contención emocional.

• • •

El Yo como función organizadora

Para Anna Freud, el Yo (Ego) no sólo media entre el Ello (impulsos) y el Superyó (normas), como planteaba su padre, también tiene una función adaptativa, defensiva y constructiva.

En la infancia, este Yo está en formación, lo que lo hace especialmente vulnerable a las presiones tanto internas (angustias, deseos, fantasías) como externas (ambiente, vínculos, normas sociales).

El desarrollo saludable del niño depende, en gran parte, de la capacidad de su Yo para:

o Organizar sus emociones.

o Enfrentar la frustración.

o Protegerse de lo intolerable sin desconectarse de la realidad.

o Relacionarse con los otros sin perderse en ellos.

Estas capacidades se consolidan a través de mecanismos psíquicos llamados mecanismos de defensa.

¿Qué son los mecanismos de defensa?

Los mecanismos de defensa son estrategias psíquicas inconscientes que el Yo utiliza para reducir la angustia, manejar el conflicto y protegerse de experiencias emocionales disruptivas.

No son síntomas en sí mismos, ni necesariamente negativos: son parte normal del desarrollo.

Sin embargo, cuando estas defensas se vuelven excesivas, rígidas o inadecuadas a la edad, pueden generar distorsiones en la percepción, en la conducta o en la relación con los otros.

Principales defensas en la infancia
(según Anna Freud)

a) Negación

o El niño actúa como si algo no hubiera ocurrido (por ejemplo, la muerte de un familiar).

o Funciona como barrera protectora frente a una realidad emocionalmente inasumible.

b) Proyección

El niño atribuye a otros lo que siente, pero no puede tolerar en sí mismo. Por ejemplo: "Mi oso me tiene miedo", cuando en realidad es el niño quien está asustado.

c) Regresión

Retorno a conductas propias de etapas anteriores frente a situaciones de angustia (chuparse el dedo, mojar la cama, hablar como bebé).

d) Formación reactiva

Expresa lo opuesto a lo que realmente siente (por ejemplo, muestra indiferencia hacia alguien que en verdad le importa, para evitar el dolor de la pérdida).

e) Desplazamiento

Traslada una emoción de un objeto a otro menos amenazante (golpea un juguete porque está enojado con sus padres).

f) Identificación

Se apropia de características de otra persona como forma de defensa (imita a un maestro o superhéroe para sentirse fuerte o valioso).

Estos mecanismos no deben ser eliminados, sino reconocidos y acompañados para que el niño pueda transformarlos en recursos de adaptación más maduros.

Aportes clínicos y educativos

Anna Freud estableció una diferencia clara entre el análisis infantil y el adulto: en los niños, el terapeuta no interpreta directamente el inconsciente, sino que observa el juego, el dibujo, el lenguaje corporal y la conducta desde una actitud empática y protectora.

Entre sus aportaciones más destacadas están:

o La idea de que el vínculo terapéutico se construye también con los padres y el entorno del niño.

o La importancia de ofrecer espacios estructurados y seguros para que el niño pueda expresar sus emociones sin temor al juicio.

o El reconocimiento de que los niños, aunque no tengan un lenguaje simbólico tan elaborado, poseen un mundo emocional completo que puede y debe ser escuchado.

———— Reflexión final ————

Anna Freud nos recuerda que la infancia no es una etapa débil, sino compleja y activa. El Yo infantil es capaz de organizarse, defenderse, construir sentido y adaptarse creativamente a su realidad.

Pero para ello, necesita adultos que comprendan sus mecanismos sin juzgar, que ofrezcan un entorno estable, y que lean sus síntomas no como problemas que hay que erradicar, sino como señales que hay que traducir.

La visión de Anna Freud sigue vigente hoy más que nunca: acompañar el desarrollo del Yo es cuidar la integridad emocional del niño.

Es sembrar las bases de un adulto capaz de habitar su mundo interno y su realidad externa con equilibrio, resiliencia y humanidad.

Anna Freud
Mecanismos
DE DEFENSA DEL YO

Negación
Eso no pasó.

Proyección
Tú lo sientes, no yo.

Regresión
Vuelvo a donde me
sentia seguro.

Formación reactiva
Actúo diferente a lo
que siento.

Desplazamiento
Descargo donde no duele.

Identificación
Me convierto en otro para
sentirme fuerte.

Donald Winnicott:

Relación madre-bebé y juego transicional

Anna Freud
Mecanismos
DE DEFENSA DEL YO

Negación
Eso no pasó.

Proyección
Tú lo sientes, no yo.

Regresión
Vuelvo a donde me
sentía seguro.

Formación reactiva
Actúo diferente a lo
que siento.

Desplazamiento
Descargo donde no duele.

Identificación
Me convierto en otro para
sentirme fuerte.

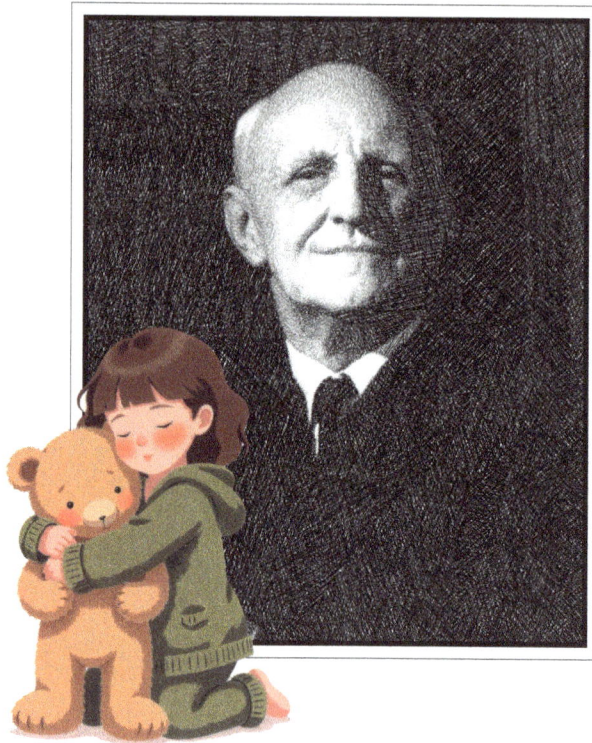

Donald Winnicott:

Relación madre-bebé
y juego transicional

Donald Winnicott: Pediatra y psicoanalista del vínculo

Donald Woods Winnicott (1896–1971) fue un pediatra y psicoanalista británico que revolucionó la forma de comprender el desarrollo infantil. A diferencia de los enfoques centrados exclusivamente en los conflictos internos del niño, Winnicott centró su atención en el vínculo temprano entre el bebé y su madre (o figura cuidadora).

Su trabajo parte de una observación clínica rigurosa y una mirada profundamente empática. Para Winnicott, el entorno afectivo que rodea al infante es decisivo; el bebé no existe de manera separada de su cuidador: es el entorno quien le proporciona la continuidad, el sostén emocional y la posibilidad de ser.

• • •

La madre suficientemente buena

Uno de los conceptos más conocidos de Winnicott es el de la madre suficientemente buena. Este término no se refiere a una madre perfecta, sino a una madre que:

o Está disponible emocionalmente.

o Responde de forma sensible a las necesidades del bebé.

o Va retirando progresivamente su presencia para permitir al niño crecer y diferenciarse.

La madre suficientemente buena adapta sus respuestas al ritmo del niño, fallando de forma gradual para que él aprenda a tolerar la frustración sin sentirse abandonado. Esta función de sostén emocional se convierte en la base de la salud mental.

Cuando esta función falla de manera severa o prolongada, el niño puede desarrollar lo que Winnicott llama un "falso self", es decir, una personalidad construida para adaptarse al entorno pero desconectada de su verdadero ser.

El objeto transicional

Winnicott introdujo el concepto de objeto transicional: un objeto que el niño elige (una manta, un peluche, un trapito) y que le ayuda a tolerar la ausencia de la madre. Este objeto representa algo entre el "Yo" y el "No yo": es interno y externo al mismo tiempo.

Funciones del objeto transicional:

o Permite al niño calmarse ante la separación.

o Sirve como puente entre la presencia y la ausencia de la madre.

o Es el primer símbolo que no necesita explicación ni interpretación: simplemente "es".

Este objeto no debe ser retirado prematuramente ni reemplazado forzosamente; su presencia y su desgaste natural son parte del desarrollo de la autonomía emocional.

El espacio transicional y el juego

El juego, según Winnicott, ocurre en un espacio transicional, un lugar intermedio entre la realidad interna y la realidad externa.

En este espacio, el niño puede:

o Crear sin sentirse invadido.

o Probar sin miedo a fallar.

o Representar el mundo a su manera.

Es aquí donde nace la creatividad, el arte, la cultura, el pensamiento simbólico y, más adelante, la capacidad de tener relaciones auténticas.

El juego no es evasión, es un territorio donde el niño se encuentra consigo mismo y con el otro sin perder su autonomía.

Implicaciones para el acompañamiento infantil

El pensamiento de Winnicott tiene profundas consecuencias para la educación, la crianza y la clínica:

En la crianza:
Invita a confiar en la relación y en el proceso. No se trata de hacer todo perfecto, sino de estar disponibles, sensibles y ser pacientes ante el desarrollo emocional del niño.

En la educación:
El docente actúa como figura auxiliar de sostén. El aula puede ser un espacio transicional donde el niño se sienta libre de explorar, equivocarse y crear.

En la terapia infantil:
El terapeuta ofrece un ambiente suficientemente bueno donde el niño pueda jugar, simbolizar y recuperar su verdadero "self".

——— Reflexión final ———

Winnicott nos dejó una enseñanza poderosa: el ser humano nace en relación. No hay sujeto sin vínculo, no hay salud sin cuidado, no hay libertad sin contención.

Sus ideas resuenan hoy más que nunca en un mundo que muchas veces exige autonomía prematura a los niños, olvidando que la seguridad emocional no se impone: se cultiva.

Acompañar a un niño es sostenerlo lo suficiente para que juegue, explore, se equivoque y encuentre su propio camino.

El adulto que ofrece ese espacio —en casa, en el aula o en la terapia— se convierte en una plataforma desde la cual el niño puede lanzarse al mundo con confianza.

Donald Winnicott
Vínculo
Y JUEGO

Madre Suficientemente Buena
- Responde al bebé con sensibilidad.
- Permite frustraciones graduales.
- Favorece la independencia.

Objeto Transicional
- Objeto elegido por el niño.
- Funciona como puente entre él y la madre.
- Representa seguridad y continuidad.

Espacio Transicional
- Zona entre el yo y el mundo.
- Lugar del juego, la creatividad y el símbolo.

Falso "Self"
- Adaptación defensiva ante un entorno insensible.
- Impide el contacto con el verdadero deseo.

Aportes
- Crianza con empatía.
- Valor del juego libre.
- Rol terapéutico del entorno.

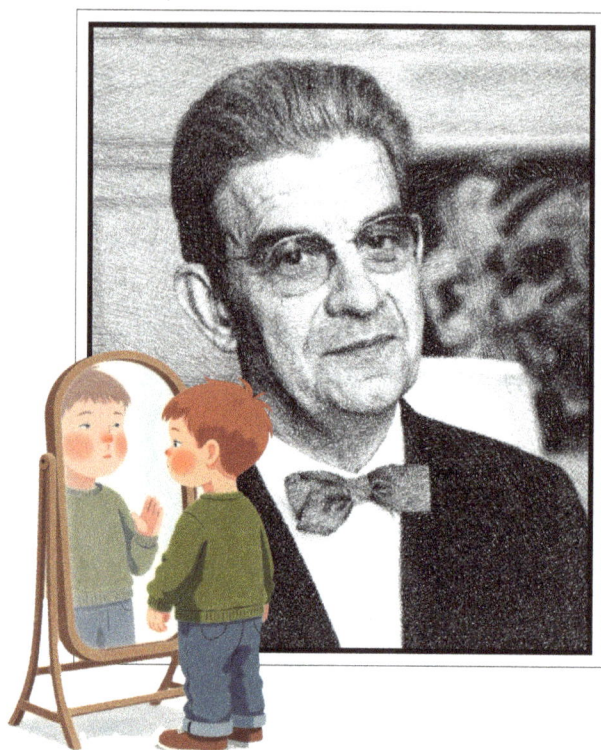

CAPÍTULO 6

Jacques Lacan:
El estadio del espejo y el lenguaje en la infancia

Jacques Lacan:
El sujeto del lenguaje

Jacques Lacan (1901–1981) fue un psicoanalista francés que revisó profundamente la obra de Freud a partir del lenguaje, la lingüística estructural y la filosofía.

Su propuesta renovó el Psicoanálisis al sostener que el sujeto no se constituye biológicamente ni psicológicamente en sentido tradicional, sino simbólicamente: a través del lenguaje, la mirada del otro y la inscripción en una red de significados.

Para Lacan, el niño no es un "yo" en construcción, sino un "sujeto dividido", constituido por las faltas, los deseos y los significantes que provienen del Otro (los padres, la cultura, la lengua).

En este marco, la infancia es el tiempo donde se gesta la entrada del niño al orden simbólico. Lacan propuso conceptos clave que permiten comprender esta transición, siendo uno de los más relevantes el estadio del espejo.

• • •

El estadio del espejo

El estadio del espejo es una etapa estructurante que ocurre aproximadamente entre los 6 y 18 meses de edad.

Lacan observó que cuando el bebé se ve por primera vez reflejado en un espejo, se reconoce como una unidad total, aunque aún no lo sea motriz o psíquicamente.

Este momento de identificación produce:

Goce:

El niño se maravilla con esa imagen unificada.

Fantasía:

Comienza a construir un "yo ideal" que intenta alcanzar.

Alienación:

El "yo" nace desde fuera, en la mirada del Otro y en una imagen exterior.

Desde esta perspectiva, el "yo" no es una esencia interior, sino un efecto imaginario, resultado de la mirada y el deseo de los otros.

El Otro, el lenguaje y el deseo

Lacan sostiene que el niño entra al mundo simbólico —el mundo regido por el lenguaje, las normas y las prohibiciones— a través del deseo del Otro, en especial del deseo materno.

Esta entrada implica una castración simbólica: el niño debe renunciar a la fusión con la madre para convertirse en un sujeto separado, capaz de hablar, desear y simbolizar.

El lenguaje no sólo sirve para comunicar, es el soporte mismo del inconsciente: "El inconsciente está estructurado como un lenguaje", afirmó Lacan. Esto significa que lo que no podemos nombrar, lo reprimimos; y que todo síntoma, sueño o acto fallido es una forma cifrada de lenguaje.

El niño como sujeto del deseo

Para Lacan, el niño no es un objeto educativo, sino un sujeto de deseo, es decir, alguien atravesado por la falta, la búsqueda de sentido, la pregunta por el amor, el reconocimiento y el lugar que ocupa en el deseo del Otro.

Esto transforma profundamente la mirada sobre la infancia: el niño no es un ser vacío a llenar, sino un ser deseante a escuchar; su sufrimiento no siempre se manifiesta en palabras, pero siempre dice algo.

El síntoma infantil (como una fobia, una repetición o una conducta disruptiva) habla en el lugar del niño cuando no puede hacerlo directamente.

Implicaciones en el trabajo clínico y educativo

Desde la perspectiva lacaniana, acompañar a un niño no significa ofrecerle respuestas cerradas, sino:

o Escuchar sus preguntas y sus silencios.

o Leer su lenguaje más allá de lo literal.

o No patologizar lo que es un intento de simbolización.

En la educación, esto implica:

o Evitar la sobreinterpretación o el exceso de normatividad.

o Dejar lugar al juego, al enigma, a la metáfora y al sinsentido.

o Reconocer que todo niño tiene una verdad singular,
   que no puede reducirse a estándares o promedios.

Reflexión final

Lacan nos invita a una mirada radical: el niño no es transparencia ni pureza, es sujeto de lenguaje, de deseo y de falta.

Esta concepción nos aleja del ideal romántico de la infancia como armonía y nos acerca a su verdad compleja: la infancia es también angustia, pregunta, construcción, conflicto y simbolización.

Escuchar al niño es entender sus palabras, sus juegos y sus síntomas como signos de un sujeto en proceso de inscripción simbólica.

Es sostener su búsqueda sin cerrarla, acompañar su deseo sin colonizarlo y permitir que se diga a su manera, sin temor al error ni a la diferencia.

Jaques Lacan
Claves para
PENSAR LA INFANCIA

Estadio del espejo
- Reconocimiento de la propia imagen.
- Nacimiento del "yo" en lo imaginario.
- Fundación del ideal del yo.

El Otro y el lenguaje
- El niño entra al mundo simbólico por la palabra del Otro.
- El deseo del Otro marca al sujeto.
- El inconsciente se estructura como un lenguaje.

Sujeto del deseo
- El niño no es objeto a moldear, sino sujeto que desea.
- El síntoma infantil es un mensaje cifrado.
- La escucha es clave para la subjetivación.

Implicaciones
- No llenar, sino dejar espacio.
- No juzgar, sino traducir.
- No normalizar, sino humanizar.

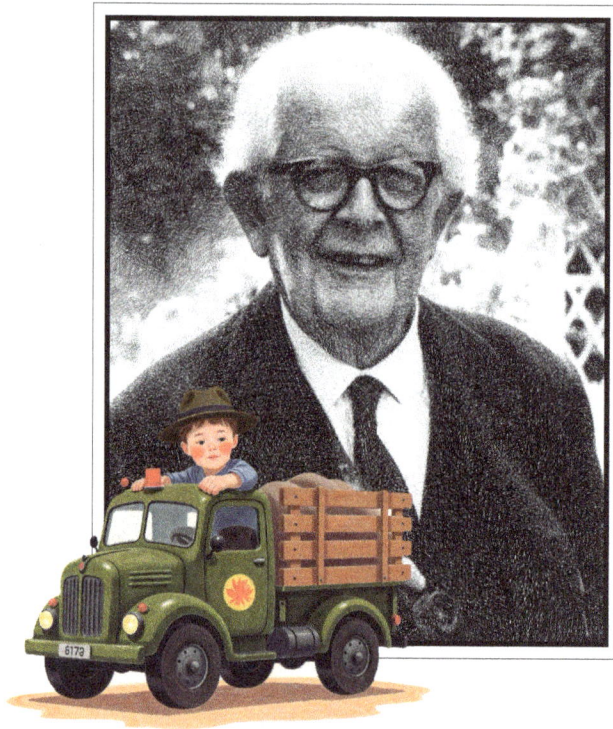

CAPÍTULO 7

Jean Piaget:
Etapas del
desarrollo cognitivo

Jean Piaget: El niño como constructor activo del conocimiento

Jean Piaget (1896–1980) fue un epistemólogo y psicólogo suizo que revolucionó la psicología infantil al demostrar que el niño no es un adulto en miniatura, ni un receptor pasivo de información, sino un sujeto activo que construye su conocimiento a través de la interacción con el entorno.

Su enfoque es conocido como constructivismo y se basa en la idea de que el pensamiento humano se desarrolla por etapas, a través de la acción, la experimentación y la reorganización constante de estructuras mentales llamadas esquemas.

El aporte de Piaget es especialmente relevante para la educación, ya que nos ofrece una guía precisa sobre cómo se desarrolla el pensamiento lógico, simbólico y abstracto en función de la edad y la madurez cognitiva del niño.

· · ·

Principios básicos del desarrollo cognitivo

Piaget propuso que el desarrollo intelectual ocurre mediante dos procesos clave:

o **Asimilación:**
El niño incorpora nueva información a esquemas existentes.

o **Acomodación:**
El niño modifica sus esquemas para integrar nueva información que no encaja en lo previo.

Este equilibrio entre asimilación y acomodación genera lo que Piaget llamó equilibración, un proceso constante que permite al niño avanzar hacia estructuras mentales más complejas.

Además, Piaget señaló que el desarrollo cognitivo está determinado más por la maduración biológica y la interacción activa con el medio, que por la enseñanza directa.

En otras palabras, no se puede enseñar algo que el niño aún no está preparado para comprender estructuralmente.

Las cuatro etapas del desarrollo cognitivo

1) Etapa sensoriomotriz (0–2 años)

o El conocimiento se adquiere a través de los sentidos y el movimiento.

o El niño no tiene aún pensamiento simbólico ni lenguaje.

o Aprende por ensayo y error.

Hito clave: Adquisición de la permanencia del objeto (sabe que algo sigue existiendo aunque no lo vea).

2) Etapa preoperacional (2–7 años)

o Desarrollo del lenguaje y del pensamiento simbólico.

o Egocentrismo cognitivo: le cuesta entender el punto de vista del otro.

o Pensamiento mágico, animismo, centración (fija su atención en un solo aspecto).

o Aún no realiza operaciones mentales lógicas (como reversibilidad o conservación).

3) Etapa de operaciones concretas (7–11 años)

o Capacidad para realizar operaciones mentales lógicas, pero aplicadas a objetos concretos.

o Adquiere noción de conservación (sabe que una cantidad permanece igual aunque cambie su forma).

o Comprende clasificaciones, series y relaciones de causa-efecto. Mejora su empatía y perspectiva social.

4) Etapa de operaciones formales (12 años en adelante)

o Desarrollo del pensamiento abstracto e hipotético.

o Puede razonar con ideas, metáforas, hipótesis, fórmulas.

o Surge la capacidad de autorreflexión, pensamiento crítico y razonamiento científico.

Implicaciones pedagógicas y terapéuticas

El modelo de Piaget ha tenido un enorme impacto en la educación moderna. Entre sus aportaciones más destacadas:

o El aprendizaje debe estar adaptado a la etapa cognitiva del niño, no forzado artificialmente.

o El error no es fracaso, sino una oportunidad para reorganizar el pensamiento.

o Los niños necesitan manipular, explorar, experimentar para aprender.

o El docente actúa como facilitador, no como transmisor absoluto del conocimiento.

En la psicoterapia infantil, su enfoque permite entender por qué ciertos conceptos o emociones no pueden ser elaborados por el niño si no ha alcanzado el nivel lógico necesario. Esto evita interpretar simbólicamente o moralizar de forma anticipada.

—————— Reflexión final ——————

Jean Piaget nos deja una visión optimista y poderosa de la infancia: el niño es un científico en acción, que prueba, falla, reorganiza y construye su comprensión del mundo paso a paso. Esta mirada implica paciencia, confianza y respeto por sus procesos internos.

No se trata de anticiparse, presionar o forzar resultados; se trata de acompañar, de ofrecer entornos ricos en estímulos, preguntas y desafíos apropiados para cada etapa.

El verdadero aprendizaje —en la escuela, en la casa, en la terapia— sucede cuando el niño se siente libre para explorar y cuando el adulto sabe esperar.

Jean Piaget
Desarrollo
C O G N I T I V O

Sensoriomotriz (0–2 años)
- Conocimiento a través de los sentidos y acciones.
- Permanencia del objeto.

Preoperacional (2–7 años)
- Lenguaje, pensamiento simbólico.
- Egocentrismo, pensamiento mágico.

Operaciones concretas (7–11 años)
- Lógica sobre objetos reales.
- Conservación, reversibilidad.

Operaciones formales (12+ años)
- Abstracción, hipótesis, pensamiento crítico.
- Capacidad para el razonamiento científico.

Implicación clave: Enseñar según el nivel de desarrollo.

CAPÍTULO 8

Lev Vygotsky:

Zona de Desarrollo Próximo y mediación social

Vygotsky:
El desarrollo desde
la interacción social

Lev S. Vygotsky (1896–1934) fue un psicólogo ruso cuya teoría socio-cultural revolucionó la comprensión del desarrollo infantil.

En contraste con Piaget, quien destacaba la acción individual del niño sobre el entorno, Vygotsky subrayó que el desarrollo se da primero en el plano social y luego se internaliza. Para él, la cultura, el lenguaje y la interacción con otros son los motores fundamentales del aprendizaje.

Su enfoque destaca el papel del adulto, el contexto y los pares en la construcción de las funciones superiores del pensamiento. Vygotsky no solo aportó una teoría educativa innovadora, sino también una visión profundamente humanista: el niño no se forma aislado, sino en comunidad.

. . .

La mediación social: aprender con otros

Uno de los conceptos centrales de Vygotsky es la mediación: toda función psicológica superior (como razonar, memorizar, reflexionar) se desarrolla a través del uso de herramientas sociales, siendo la más importante el lenguaje:

Por ejemplo:

o Un niño no aprende a contar en soledad, sino a través del diálogo, los juegos de números, las canciones y las conversaciones.

o Un adulto o compañero más capaz actúa como mediador, brindando palabras, modelos, estrategias y apoyo emocional.

o Así, el desarrollo no es un proceso interno que luego se expresa, sino un proceso social que luego se interioriza.

Zona de Desarrollo Próximo (ZDP)

La Zona de Desarrollo Próximo es, quizás, el aporte más reconocido de Vygotsky. Se define como:

"La distancia entre el nivel de desarrollo real del niño (lo que puede hacer solo) y el nivel de desarrollo potencial (lo que puede hacer con ayuda de otro)."

Esta zona marca el punto ideal de aprendizaje: ni tan fácil que no desafíe, ni tan difícil que frustre. La tarea del educador o cuidador es identificar esa zona y ofrecer el apoyo necesario para que el niño logre lo que no podría hacer solo, y que eventualmente sí podrá hacer de forma autónoma.

El lenguaje: puente entre el mundo y la mente

Vygotsky sostenía que el lenguaje además de ser una herramienta para comunicarse, también lo es para pensar.

A través del lenguaje, el niño:

o Aprende a organizar su pensamiento.

o Regula su conducta.

o Toma conciencia de sí mismo y del entorno.

Durante la infancia, se pasa de un lenguaje social (para comunicarse con otros) a un lenguaje egocéntrico (hablarse a sí mismo en voz alta) y, finalmente, a un lenguaje interno (pensamiento silencioso y reflexivo).

El desarrollo cognitivo, entonces, está íntimamente ligado al desarrollo del lenguaje y a la calidad del entorno verbal y simbólico que rodea al niño.

Implicaciones educativas y terapéuticas

Las ideas de Vygotsky han influido profundamente en la pedagogía contemporánea.

Algunas aplicaciones concretas:

Aprendizaje colaborativo: Estudiar con otros potencia el desarrollo. El grupo no es un obstáculo, sino un recurso.

Tutoría y andamiaje: El educador adapta su apoyo al nivel del niño, retirándolo, gradualmente, a medida que gana autonomía.

Diálogo significativo: La interacción verbal (no solo la instrucción técnica) es clave para activar funciones superiores.

Contexto cultural: No hay desarrollo neutro; todo aprendizaje está impregnado por los valores, símbolos y prácticas culturales del entorno.

En terapia infantil, el modelo de Vygotsky promueve intervenciones donde se involucran la familia, el juego, el diálogo y el vínculo social, más allá de lo estrictamente individual.

Reflexión final

Vygotsky nos invita a reconocer que nadie aprende solo.

El conocimiento no es una construcción individualista, sino una danza compleja entre el niño, el adulto, la cultura y el lenguaje. El desarrollo infantil ocurre en redes, en relaciones, en palabras compartidas.

Educar desde esta perspectiva es un acto profundamente humano: acompañar al niño en su zona de posibilidad, sin imponer respuestas, pero tampoco abandonarlo a sus limitaciones.

Es tender puentes entre lo que ya es, y lo que puede llegar a ser. Es mirar al niño como alguien capaz de crecer si encuentra a otro que confíe, escuche y camine a su lado.

Lev Vygotsky
Desarrollo
EN CONTEXTO

Mediación
- Aprendizaje guiado por el otro.
- Uso de herramientas culturales (lenguaje, signos, símbolos).

Zona de desarrollo próximo (ZDP)
- Lo que el niño puede hacer con ayuda.
- Espacio ideal para el aprendizaje.
- El adulto actúa como andamiaje.

Lenguaje como pensamiento
- Del lenguaje social al lenguaje interno.
- El niño piensa "hablando consigo mismo".

Implicaciones
- Aprender en interacción.
- Enseñar dialogando.
- Incluir lo cultural y lo emocional.

CAPÍTULO 9

Integración

Piaget-Vygotsky en el aula

Dos perspectivas, una misma infancia

Jean Piaget y Lev Vygotsky son dos de los pensadores más influyentes del siglo XX en el campo del desarrollo infantil. A pesar de que partieron de marcos teóricos distintos —Piaget desde el constructivismo individual y Vygotsky desde el constructivismo social— ambos comparten una premisa esencial: el niño es un sujeto activo en la construcción de su conocimiento.

En lugar de ver sus enfoques como opuestos, este capítulo propone una mirada integradora que permita unir lo mejor de ambos modelos para enriquecer la práctica educativa y terapéutica.

· · ·

Principales coincidencias

Aunque sus lenguajes teóricos son diferentes, Piaget y Vygotsky comparten estas ideas clave:

o El desarrollo cognitivo se construye en etapas (Piaget) o niveles (Vygotsky), no es algo innato ni fijo.

o El juego tiene una función central en el aprendizaje.

o La actividad mental se transforma en contacto con el entorno.

o El aprendizaje significativo ocurre cuando el niño interactúa activamente con su realidad, no cuando solo memoriza.

Ambos, además, destacan la importancia del error como parte del proceso, la necesidad de respetar los ritmos individuales y la idea de que el conocimiento no se impone, se construye.

Principales diferencias

Comprender sus diferencias permite clarificar cómo se complementan:

Tema	Jean Piaget	Lev Vygotsky
Origen del conocimiento	Construcción individual	Construcción social
Rol del lenguaje	Resultado del pensamiento	Instrumento del pensamiento
Enfoque del desarrollo	Etapas universales, centradas en el niño	Procesos culturales, mediados por el entorno
Aprendizaje y desarrollo	El desarrollo precede al aprendizaje	El aprendizaje impulsa el desarrollo
Enseñanza	No directiva, basada en descubrimiento	Interactiva, guiada y mediada

Ambas posturas pueden convivir armónicamente cuando se comprenden como complementarias y no como excluyentes.

Aplicaciones prácticas en el aula

a) Diagnóstico del nivel cognitivo (Piaget)

El docente debe identificar en qué etapa se encuentra el niño para ofrecerle retos adecuados a su nivel de comprensión. No se puede enseñar el pensamiento abstracto a quien aún no domina lo concreto.

b) Acompañamiento personalizado (Vygotsky)

Cada niño tiene una Zona de Desarrollo Próximo (ZDP) distinta. El rol del adulto es acompañar con preguntas, modelos, herramientas y afecto. El error no se castiga, se trabaja.

c) Aprendizaje cooperativo (Vygotsky + Piaget)

El trabajo en equipo permite que los niños se escuchen entre sí, cuestionen sus ideas, elaboren hipótesis y construyan conocimiento en conjunto.

d) Actividades manipulativas y experimentales (Piaget)

Materiales concretos, juegos, dinámicas sensoriales: todo lo que el niño pueda tocar y explorar favorece el desarrollo del pensamiento lógico.

e) Lenguaje reflexivo y metacognición (Vygotsky)

El docente puede invitar al niño a hablar sobre cómo piensa, por qué resolvió algo de cierta forma o qué otras soluciones imaginó. Esto fortalece su conciencia cognitiva.

El rol del adulto: facilitador y mediador

Desde el punto de vista de una integración Piaget-Vygotsky, el adulto cumple una doble función:

Facilitador piagetiano: Crea ambientes ricos en estímulos, actividades retadoras, materiales diversos y libertad para explorar.

Mediador vygotskiano: Escucha, guía, modela, pregunta, ayuda y se retira a tiempo para permitir que el niño se apropie de lo aprendido.

Esta doble función requiere sensibilidad, paciencia y capacidad para observar sin invadir y para intervenir, sin anular el proceso autónomo del niño.

————Reflexión final————

Integrar a Piaget y Vygotsky no es elegir entre individuo o sociedad, entre experiencia o lenguaje, entre autonomía o acompañamiento.

Es entender que el desarrollo del niño es un proceso biopsicosocial: ocurre en su mente, en su cuerpo, en sus vínculos y en su cultura.

Como educadores, terapeutas o cuidadores, tenemos la responsabilidad de ofrecer entornos donde se combine la exploración autónoma con el apoyo respetuoso, donde el niño pueda descubrir por sí mismo, pero nunca esté solo.

El aula ideal no es un salón de obediencia ni un caos sin rumbo: es un espacio donde la curiosidad se encuentra con la palabra, donde el pensamiento se construye con otros, y donde el saber nace del deseo de comprender, no del temor a equivocarse.

Aprendizaje
constructivo
E INTERACTIVO

Jean Piaget

- Enfoque: desarrollo interno aprendizaje.

- Clave: autonomía, descubrimiento, error.

- Actividades: juegos de lógica, manipulación, experimentación.

Lev Vygotsky

- Enfoque: aprendizaje desarrollo.

- Clave: interacción social, lenguaje, mediación.

- Actividades: trabajo colaborativo, tutoría, diálogo guiado.

Integración

- Ambientes activos y cooperativos.

- Docentes como guías empáticos.

- Equilibrio entre libertad y contención.

CAPÍTULO 10

Observación y diagnóstico del pensamiento infantil

¿Por qué observar el pensamiento infantil?

Observar el pensamiento infantil no significa evaluar cuánto sabe un niño, sino entender cómo piensa, cómo resuelve, cómo pregunta y cómo se ubica frente al mundo.

El pensamiento en la infancia no es menos válido que el pensamiento adulto: es distinto, está en construcción, y su lógica interna merece ser reconocida.

La observación atenta permite:

o Reconocer el nivel de desarrollo cognitivo en que se encuentra el niño.

o Detectar procesos de cambio, bloqueo o avance.

o Comprender sus errores no como fallos, sino como signos de reorganización mental.

Ajustar estrategias pedagógicas o terapéuticas según su forma real de pensar. En contextos educativos, clínicos o familiares, la observación es una herramienta ética, que requiere respeto, presencia y escucha.

. . .

El pensamiento infantil: características clave

El pensamiento del niño, especialmente en sus primeras etapas, se caracteriza por:

o **Egocentrismo cognitivo (según Piaget):** dificultad para asumir el punto de vista del otro.

o **Pensamiento mágico:** mezcla de fantasía y realidad para explicar el mundo.

o **Centración:** atención en un solo aspecto del problema, descuidando otros.

o **Irreversibilidad:** dificultad para entender que ciertas acciones pueden deshacerse.

o **Animismo:** atribución de vida a objetos inanimados.

Estas características no deben ser vistas como "errores", sino como formas legítimas de pensar en una etapa evolutiva específica. Son estructurantes del pensamiento lógico que vendrá después.

Técnicas de observación en el aula y en la clínica

Observar no es sólo mirar. Es un acto técnico, reflexivo y ético que implica prestar atención sostenida y registrar con propósito.

Algunas técnicas recomendadas:

a) Observación libre estructurada

Se permite que el niño actúe con libertad, pero el observador sigue ciertas categorías (lenguaje, atención, estrategias de resolución, interacción, etc.).

b) Resolución de problemas

Se entrega una consigna o desafío (por ejemplo: clasificar, comparar, construir) y se observa cómo lo aborda, no solo si lo resuelve.

c) Juego simbólico

Permite explorar cómo el niño representa el mundo, sus relaciones y emociones. Se analizan los roles, las repeticiones, el tono emocional.

d) Dibujo libre o temático

A través del dibujo se pueden observar elementos proyectivos, lógicos, afectivos y simbólicos. No se interpreta mecánicamente, sino dentro del contexto del niño.

e) Registro anecdótico o sistemático

Se anotan expresiones espontáneas, frases, comportamientos ante ciertos estímulos, con fecha, contexto y observaciones del adulto.

Herramientas básicas para el diagnóstico cualitativo

Si bien el diagnóstico profundo requiere formación especializada, existen instrumentos accesibles para el docente o terapeuta que permiten una lectura cualitativa del pensamiento infantil:

Rúbricas de análisis cognitivo: evalúan niveles de razonamiento (concreto, simbólico, abstracto).

Escalas de ZDP (Zona de Desarrollo Próximo): identifican lo que el niño logra con y sin ayuda.

Mapas conceptuales construidos por el niño: revelan cómo se organiza la información.

Entrevistas dialogadas: permiten explorar lo que el niño sabe, cree y cómo lo justifica.

El énfasis no está en puntuar ni clasificar, sino en entender el proceso cognitivo que da sentido a sus respuestas.

Consideraciones éticas en la observación infantil

Toda observación debe partir de principios éticos fundamentales:

o No juzgar desde la adultez: evitar la comparación y el adultocentrismo.

o Observar sin invadir: la mirada respetuosa no convierte al niño en objeto de examen.

o Contextualizar siempre: cada comportamiento tiene una historia, un entorno, una lógica.

o Registrar con fines de acompañamiento, no de etiquetado: el objetivo es ayudar, no clasificar.

Observar bien es una forma de amar con inteligencia. Es hacer visible al niño sin hacerlo vulnerable.

────── Reflexión final ──────

Observar al niño con atención y técnica es un acto profundamente transformador. No sólo permite detectar bloqueos, dificultades o avances, sino que revela quién es ese niño en su forma de pensar, imaginar, jugar y resolver.

Cuando observamos bien, dejamos de ver "errores" y comenzamos a ver procesos. Dejamos de imponer explicaciones adultas para empezar a traducir significados infantiles. Observar es, en definitiva, un acto de humildad: escuchar sin interrumpir, mirar sin dominar y estar sin invadir.

Observar
para
C O M P R E N D E R

Lo que observamos

- Lenguaje
  (¿cómo explica?)

- Resolución de
  problemas
  (¿cómo lo intenta?)

- Juego
  (¿qué representa?)

- Dibujo
  (¿qué simboliza?)

- Interacción
  (¿cómo se vincula?)

Herramientas útiles

- Registro anecdótico

- Dibujo libre

- Problemas lógicos

- Escala ZDP

- Diálogo reflexivo

Ética de la
observación

- No invadir, no etiquetar

- Contextualizar

- Usar lo observado
  para acompañar

CAPÍTULO 11

John Bowlby:

La teoría del apego

John Bowlby:
El vínculo como
necesidad vital

John Bowlby (1907–1990), psiquiatra y psicoanalista británico, desarrolló una de las teorías más influyentes sobre el desarrollo socioemocional infantil: *la teoría del apego.*

Su trabajo integró ideas del Psicoanálisis, la etología (estudio del comportamiento animal), la biología evolutiva y la psicología del desarrollo.

Bowlby propuso que los vínculos afectivos tempranos no son un lujo emocional, sino una necesidad biológica fundamental. Así como un cachorro necesita del cuerpo de su madre para sobrevivir, el ser humano necesita del contacto emocional y físico para organizar su psiquismo y construir su identidad.

• • •

¿Qué es el apego?

El apego es el vínculo emocional profundo, duradero y recíproco que se establece entre el niño y su figura principal de cuidado (generalmente la madre, aunque puede ser cualquier cuidador constante y sensible).

Este vínculo no es sólo afectivo, sino también regulador: permite que el niño se calme, explore el mundo con seguridad, regule sus emociones y desarrolle empatía.

Las conductas de apego se activan en momentos de angustia, separación o amenaza, y buscan restablecer la proximidad con la figura de apego. Son comportamientos biológicamente programados, como llorar, seguir con la mirada, aferrarse o buscar contacto físico.

Fases del apego según Bowlby

Preapego (0–6 semanas):

El bebé muestra señales hacia cualquier adulto (llanto, sonrisa, mirada), pero sin preferencia clara.

Formación del apego (6 semanas – 6 / 8 meses):

Comienza a reconocer figuras familiares y muestra preferencia, aunque acepta cuidados de otros.

Apego propiamente dicho (6-8 meses – 2 años):

Consolida el vínculo con una o más figuras. Aparece ansiedad por separación y miedo a extraños.

Relación recíproca (2 años en adelante):

El niño comienza a comprender la separación temporal y a tolerar mejor la ausencia del cuidador.

Tipos de apego (según Mary Ainsworth)

Mary Ainsworth, colaboradora de Bowlby, realizó estudios observacionales que permitieron identificar patrones de apego en los niños.

El más conocido es el experimento de la "Situación Extraña", que analiza cómo reacciona un niño ante la separación y reencuentro consu cuidador.

a) Apego seguro

o El niño explora el entorno, pero busca su figura de apego ante el estrés.

o Llora ante la separación y se consuela fácilmente con su regreso.

o Base emocional sólida: confianza, autonomía, autoestima.

b) Apego inseguro-evitativo

o Minimiza la conexión emocional con el cuidador.

o No muestra malestar evidente al separarse, pero tampoco lo busca al regresar.

o Puede derivar en autosuficiencia defensiva o dificultades en la intimidad.

c) Apego inseguro-ambivalente

o Se aferra al cuidador y teme explorar.

o Llora intensamente ante la separación, pero se muestra ambivalente o irritable al reencuentro.

o Inseguridad emocional, dependencia, dificultad para autorregularse.

d) Apego desorganizado (más grave)

o Conductas contradictorias, confusas o atemorizadas frente al cuidador.

o Suele aparecer en contextos de abuso, negligencia o trauma.

o Riesgo alto de desorganización emocional y relacional futura.

Implicaciones para el desarrollo emocional

El tipo de apego que se forma en los primeros años deja huellas profundas en la manera en que una persona:

o Se vincula con otros (confianza, intimidad, límites).
o Regula sus emociones (seguridad, contención, autocontrol).
o Se percibe a sí misma (autoestima, valía, coherencia).

Un apego seguro no implica ausencia de conflictos, sino presencia constante, afecto confiable y disponibilidad emocional. Es una base segura desde la cual el niño puede lanzarse a explorar el mundo.

¿Se puede reparar un apego inseguro?

Sí. Aunque los primeros años son fundamentales, el apego no es un destino irreversible. Un niño con un apego inseguro puede reorganizar su mundo emocional si posteriormente establece vínculos seguros, estables y empáticos.

Por ello, el trabajo educativo, clínico o familiar con niños implica ofrecer una nueva experiencia vincular, donde el adulto escuche, responda, sostenga y permita al niño reconstruir su confianza básica.

———— Reflexión final ————

El mayor regalo que un adulto puede ofrecerle a un niño no es conocimiento, dinero o disciplina, sino una presencia confiable, empática y constante.

Bowlby nos enseñó que el apego es el lugar sobre el que crece la mente: cuando es firme, el niño puede explorar, crear, aprender y amar.

La Teoría del apego no es sólo una teoría psicológica: es una ética de la relación; nos recuerda que el desarrollo no se sostiene en la exigencia, sino en el afecto.

El aprendizaje no florece en la amenaza, sino en la seguridad. El vínculo es, en última instancia, el lugar donde el niño aprende a ser humano.

John Bowlby
Teoría
DEL APEGO

¿Qué es el apego?

· Vínculo afectivo, seguro y constante.

· Sostiene emocionalmente al niño.

Fases del apego

· 1. Preapego
(0–6 sem)

· 2. Formación
(6 sem – 6/8 mes)

· 3. Consolidación
(6-8 mes – 2 años)

· 4. Reciprocidad
(2+ años)

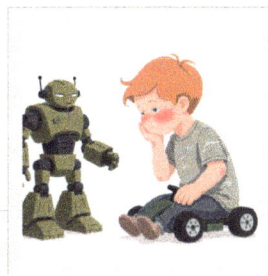

Tipos de apego
(Ainsworth)

· Seguro

· Inseguro-evitativo

· Inseguro-ambivalente

· Desorganizado

CAPÍTULO 12

Erik Erikson:

El desarrollo
psicosocial

Erik Erikson:
Crecimiento a través
de la vida

Erik H. Erikson (1902–1994) fue un psicoanalista germano-estadounidense que amplió la teoría freudiana al proponer un enfoque psicosocial del desarrollo, en el que las etapas de la vida están marcadas por crisis evolutivas que surgen de la interacción entre el individuo y su entorno sociocultural.

Mientras Freud se centraba en las pulsiones sexuales como motor del desarrollo, Erikson incorporó los factores sociales, familiares y culturales, mostrando que el desarrollo continúa durante toda la vida y que cada etapa exige la resolución de una tensión o conflicto central.

. . .

El desarrollo como una serie de crisis

Para Erikson, la vida se divide en ocho etapas. En cada una, el individuo enfrenta una crisis psicosocial cuya resolución adecuada fortalece el Yo y permite avanzar al siguiente nivel con mayor estabilidad emocional.

En la infancia, estas crisis son especialmente relevantes, ya que forman las bases de la personalidad, la confianza en el entorno, la seguridad interna y la identidad futura.

Etapas psicosociales de la infancia

1) Confianza vs. desconfianza (0–1 año)

o El bebé necesita saber que el mundo es seguro, que será alimentado, protegido y consolado.

o Si el cuidador es confiable y afectuoso, el niño desarrolla confianza básica.

o Si hay negligencia o imprevisibilidad, se genera desconfianza, miedo y ansiedad.

o **Virtud que se forma:** esperanza

2) Autonomía vs. vergüenza y duda (1–3 años)

o El niño empieza a caminar, explorar, controlar esfínteres. Busca hacer las cosas por sí mismo.

o Si se le permite probar y equivocarse, surge la autonomía.

o Si se le ridiculiza, controla o castiga en exceso, aparece la vergüenza o el miedo al error.

o **Virtud que se forma:** voluntad

3) Iniciativa vs. culpa (3–6 años)

o El niño inventa juegos, roles, planes. Explora su mundo interior y exterior.

o Si se le alienta sin sobreproteger, desarrolla iniciativa.

o Si se le reprime, aparece culpa por desear, actuar o preguntar.

o **Virtud que se forma:** determinación

4) Laboriosidad vs. inferioridad (6–11 años)

o Entra a la escuela, enfrenta desafíos, compara habilidades.

o Si tiene éxito y es valorado, se siente capaz.

o Si falla o es descalificado constantemente, se instala
la inferioridad.

o **Virtud que se forma:** competencia

Educación desde el enfoque psicosocial

El enfoque de Erikson tiene un fuerte valor pedagógico, ya que nos ayuda a entender qué necesita un niño según su etapa de vida.

Algunas claves:

Confianza: rutinas claras, cuidado afectivo, contacto físico.
Atención inmediata.

Autonomía: dejar que el niño haga cosas solo.
No burlarse de sus intentos.

Iniciativa: permitir que explore, cree, imagine.
No censurar sus ideas.

Laboriosidad: valorar el esfuerzo, no solo el resultado.
Estimular la perseverancia.

Cada etapa es una oportunidad para fortalecer la identidad, la auto-estima y la seguridad emocional. No superar una crisis no implica un fracaso permanente, pero sí genera vacíos que pueden dificultar etapas futuras.

Aplicaciones terapéuticas y vinculares

En terapia infantil, el modelo de Erikson permite identificar en qué punto del desarrollo emocional está bloqueado el niño, y trabajar para reparar desde el vínculo lo que no pudo consolidarse a tiempo.

Por ejemplo:

o Un niño con exceso de vergüenza puede no haber sido autorizado a equivocarse.

o Uno con culpa constante puede haber sido reprendido por su deseo o espontaneidad.

o Uno que teme explorar quizás no logró consolidar confianza básica.

En el ámbito familiar, este enfoque ayuda a los padres a acompañar al niño desde sus necesidades evolutivas reales, no desde las expectativas adultas.

———— Reflexión final ————

Erikson nos enseñó que toda vida humana es un diálogo entre lo que somos y lo que el mundo espera de nosotros. Cada etapa de la infancia no es sólo un momento cronológico, sino un campo de batalla emocional donde el niño aprende a confiar, a afirmarse, a atreverse y a pertenecer.

Como adultos, tenemos el privilegio y la responsabilidad de acompañar al niño en esa travesía, no para resolver sus crisis por él, sino para estar presentes mientras las atraviesa. Con afecto, respeto y firmeza amorosa, porque, al final, toda identidad nace del cuidado.

Erik Erikson
Desarrollo
PSICOSOCIAL

Confianza Vs. Desconfianza
(0 - 1 año)

- Cuidado amoroso - confianza básica.
- Negligencia - inseguridad.

Autonomía Vs. Vergüenza
(1 - 3 años)

- Permitir actuar - autovaloración.
- Ridiculizar errores - duda de sí.

Iniciativa Vs. Culpa
(3 -6 años)

- Estimular iniciativa - creatividad.
- Reprimir deseo - culpa.

Laboriosidad Vs. Inferioridad
(6 - 11 años)

- Valorar esfuerzo - competencia.
- Exigir perfección - desvalorización.

CAPÍTULO 13

Aplicación clínica y educativa de las

teorías del apego

Del concepto al acompañamiento

La Teoría del apego, desarrollada por John Bowlby y profundizada por Mary Ainsworth y otros autores, se ha convertido en una herramienta fundamental para la práctica clínica, educativa y familiar.

Hoy sabemos que los primeros vínculos afectivos dejan una huella estructural en la manera en que el niño se relaciona consigo mismo y con los demás. Por eso, la forma en que se acompaña al niño en sus primeros años es decisiva para su salud emocional, su desempeño escolar y su estabilidad futura.

Este capítulo ofrece orientaciones prácticas para aplicar el marco del apego seguro en contextos terapéuticos, escolares y familiares.

• • •

Indicadores de apego en el entorno escolar

Los docentes, orientadores y psicólogos escolares pueden observar señales que indican el tipo de apego que predomina en el niño.

Algunos indicadores clave:

Apego seguro

o Se muestra confiado para explorar nuevas actividades.

o Puede separarse sin angustia excesiva y reencontrarse con placer.

o Expresa emociones sin desbordarse.

o Busca ayuda del adulto cuando la necesita.

Apego inseguro

o Es excesivamente demandante o evitativo con figuras adultas.

o Muestra ansiedad de separación persistente.

o Tiene dificultades para regular emociones o hacer amigos.

o Le cuesta adaptarse a cambios y estructuras.

Apego desorganizado

o Muestra conductas contradictorias, desorientadas o incluso agresivas.

o Tiene respuestas emocionales desproporcionadas o impredecibles.

o Puede presentar retraimiento, hiperactivación o aislamiento extremo.

o Se desorganiza frente a la autoridad o la contención.

Estrategias educativas para fortalecer el apego seguro

En el aula, los vínculos seguros pueden cultivarse a través de prácticas cotidianas.

Algunas estrategias eficaces:

o Establecer rutinas claras y predecibles, que den seguridad estructural.

o Escuchar con presencia, validando emociones sin minimizar ni dramatizar.

o Nombrar lo que sienten, ayudándoles a identificar y gestionar sus emociones.

o Ofrecer contención sin sobreprotección, permitiéndoles enfrentar desafíos con apoyo.

o No avergonzar ante el error, sino acompañar con empatía.

Un docente que ofrece un vínculo de confianza se convierte, muchas veces, en una figura de apego secundaria. Esto puede ser altamente reparador en casos donde el apego primario fue inseguro o inestable.

En la clínica: el terapeuta como base segura

En el trabajo terapéutico con niños, el enfoque del apego ofrece una guía esencial:

o La relación terapéutica es el principal factor de cambio. El vínculo es, en sí mismo, curativo.

o El terapeuta actúa como "base segura", permitiendo que el niño exprese su mundo interno sin temor al rechazo.

o Se trabaja con juego, lenguaje simbólico, dibujo y narración, como medios para explorar emociones difíciles.

o Es clave involucrar a los cuidadores primarios, tanto para comprender el contexto como para sostener cambios duraderos.

o El objetivo no es eliminar síntomas, sino reconstruir experiencias vinculares seguras y coherentes.

En el hogar: presencia, sintonía y límites afectivos

Los padres o cuidadores pueden fomentar un apego seguro cuando:

o Responden de manera sensible y consistente a las necesidades emocionales del niño.

o Mantienen contacto visual, físico y verbal afectuoso.

o Son previsibles y estables, incluso en momentos de conflicto.

o Ponen límites claros desde el amor, no desde el miedo o el castigo.

o Validan el llanto, la rabia o la tristeza como emociones humanas, no como caprichos.

o Educar desde el apego no significa evitar todo malestar, sino enseñar a tolerarlo dentro de un entorno de confianza.

————Reflexión final————

Hablar del apego no es sólo hablar del vínculo madre-hijo, es hablar de cómo tratamos al otro cuando es vulnerable, de cómo construimos confianza, de cómo enseñamos que el mundo puede ser un lugar seguro.

La aplicación de la teoría del apego en la educación, la terapia y la crianza no es una técnica, es una actitud ética: sostener sin invadir, acompañar sin anular, mirar sin exigir, estar sin abandonar.

Cuando un niño encuentra un adulto que le ofrece un vínculo seguro, ese niño no sólo aprende más, sino que se atreve a ser.

Apego
seguro
EN PRÁCTICA

En el aula

· Rutinas claras.

· Contención emocional.

· Relación empática.

· Reconocimiento individual.

En terapia

· Vínculo seguro con el terapeuta.

· Juego como lenguaje simbólico.

· Participación familiar.

· Reconstrucción vincular.

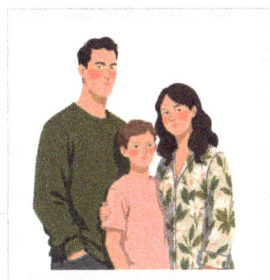

En casa

· Sensibilidad y respuesta oportuna.

· Limites con afecto.

· Presencia emocional.

· Validación de emociones.

CAPÍTULO 14

Integración de teorías en el

desarrollo integral del niño

¿Por qué integrar teorías?

A lo largo de este libro, hemos recorrido diversas teorías que abordan la infancia desde distintas perspectivas: el inconsciente (Freud, Klein, Lacan), el vínculo afectivo (Bowlby, Winnicott), el desarrollo cognitivo (Piaget), la interacción sociocultural (Vygotsky), las defensas del Yo (Anna Freud), el juego (Klein, Winnicott), y la identidad psicosocial (Erikson).

Cada una ofrece una lente parcial, pero valiosa, que no se excluye con las demás, sino que se complementa en una visión más compleja y humana del desarrollo infantil.

Integrar teorías no significa forzar una síntesis absoluta, sino reconocer que el niño es un ser multidimensional con necesidades afectivas, cognitivas, simbólicas y sociales entrelazadas.

. . .

El niño como sujeto integral

El desarrollo integral del niño implica el crecimiento equilibrado de:

o **La dimensión psíquica** (construcción del aparato psíquico, elaboración de angustias, formación del Yo).

o **La dimensión afectiva** (vínculos seguros, reconocimiento emocional, regulación del malestar).

o **La dimensión cognitiva** (comprensión del mundo, solución de problemas, abstracción y simbolización).

o **La dimensión social** (interacción con pares y adultos, internalización de normas, empatía).

La dimensión cultural y simbólica (lenguaje, juego, arte, expresión, identidad). Todas estas dimensiones están en desarrollo simultáneo y en constante interacción.

Un niño que vive con inseguridad emocional tendrá dificultades para aprender; si no puede simbolizar, tendrá dificultades para comprender sus emociones; un niño que no puede confiar en el adulto, no se abrirá al pensamiento complejo.

Puntos de convergencia entre autores

El juego como vía de expresión y elaboración

o **Klein:** como lenguaje del inconsciente.
o **Piaget:** como construcción del pensamiento.
o **Winnicott:** como espacio transicional.
o **Vygotsky:** como desarrollo simbólico y social.

La relación con el otro como clave del desarrollo

o **Bowlby y Ainsworth:** vínculo seguro como base emocional.
o **Vygotsky:** aprendizaje mediado por el otro.
o **Erikson:** identidad como construcción en relación con el entorno.

El niño como sujeto activo y deseante

o **Freud:** sujeto del deseo.
o **Piaget:** constructor de su conocimiento.
o **Lacan:** sujeto del lenguaje.
o **Anna Freud:** Yo que se defiende y se adapta.

Esta convergencia nos permite comprender que educar, cuidar o intervenir no puede reducirse a una sola función, debemos observar al niño en su totalidad, sin perder de vista su singularidad.

Implicaciones para la práctica educativa y clínica

La integración teórica conlleva una transformación de la mirada profesional:

o No basta con enseñar contenido, hay que sostener emocionalmente al que aprende.

o Observar síntomas no es suficiente: hay que comprender el conflicto que los origina.

o Además de aplicar estrategias, hay que construir vínculos significativos.

o No es suficiente evaluar logros: hay que acompañar procesos subjetivos.

Reflexión final

El docente o terapeuta integral es quien sabe de desarrollo, pero también sabe mirar, escuchar, esperar y confiar. No se ata a un solo marco teórico, elige lo mejor de cada uno, según el niño a quien enseña o ayuda.

Integrar teorías es integrar al niño. Es dejar de pensar en diagnósticos aislados, en etapas rígidas o en estrategias unidimensionales, para comenzar a mirar a cada niño como un universo único, irrepetible, en evolución constante.

Desde esta visión, el rol del adulto no es saber todo, sino saber mirar con profundidad, reconocer en qué dimensión el niño necesita ser acompañado, y ofrecerle el contexto adecuado para desplegar su potencial.

Porque al final, el desarrollo integral no se trata de formar mentes brillantes, sino seres humanos íntegros, seguros, sensibles y capaces de construir sentido en el mundo que habitan.

Desarrollo
integral
DEL NIÑO

Psíquico
- Conflictos, defensas, deseos
- Freud, Klein, Anna Freud, Lacan

Afectivo
- Apego, vínculo, regulación emocional
- Bowlby, Winnicott

Cognitivo
- Etapas, razonamiento, abstracción
- Piaget, Vygotsky

Social
- Normas, cooperación, identidad
- Erikson, Vygotsky

Simbólico
- Juego, lenguaje, cultura
- Winnicott, Lacan, Vygotsky

CAPÍTULO 15

Cierre reflexivo:

Ética, acompañamiento y sensibilidad en la infancia

El adulto como figura esencial para el niño

La infancia es un tiempo de desarrollo, pero también de exposición. El niño es cuerpo, lenguaje, deseo, juego y vulnerabilidad. Quien acompaña ese proceso no es sólo un docente, un terapeuta o un cuidador: es una figura que deja huella en la experiencia emocional y simbólica del niño.

Este libro ha recorrido teorías fundamentales que explican la complejidad del desarrollo infantil. Pero más allá de las ideas, queda una pregunta esencial: ¿cómo habitamos el lugar del adulto frente a la infancia?

. . .

Más allá de la técnica: la ética del vínculo

Ni el conocimiento teórico más sofisticado, ni la estrategia más afinada pueden sustituir la presencia ética y sensible del adulto que sabe escuchar, esperar y sostener sin invadir.

Ser guía, maestro, madre, terapeuta o padre no implica controlar, corregir o programar: implica mirar, traducir y acompañar.

Eso exige una disposición emocional profunda como renunciar a los juicios inmediatos, sostener la incertidumbre, validar lo que parece insignificante y reconocer que cada niño es un mundo en formación.

La infancia se acompaña

Este libro no propone uniformar, al contrario, busca promover una mirada respetuosa hacia la singularidad del niño. Cada uno trae su historia, su contexto, su forma de sentir, de simbolizar, de aprender y de sufrir.

Acompañar la infancia no es convertir al niño en lo que queremos, sino permitirle convertirse en quien está llamado a ser, desde el cuidado, la contención, los límites amorosos y la palabra que nombra sin herir.

Compromiso
profesional y humano

Sea cual sea el rol que desempeñamos —educador, psicólogo, cuidador, estudiante— todos tenemos la posibilidad de sembrar vínculos seguros, promover pensamiento crítico y crear contextos simbólicos donde los niños se sientan reconocidos y validados.

Este compromiso no sólo es profesional, también es ético: implica ponerse en el lugar del otro, dejarse interpelar, cuestionar la propia autoridad y decidir acompañar con empatía.

El saber que transforma

No hay teoría suficiente si no se pone al servicio de la vida. Este libro es una invitación a dejar que el saber nos transforme para modificar, con humildad, los entornos donde los niños crecen.

Una mirada puede cambiar un día, una palabra puede curar una herida. Escuchar de forma auténtica puede ser el punto de partida de una vida más segura, más libre y más humana.

• • •

Bibliografía

Ainsworth, M. D. S., Blehar, M. C., Waters, E., & Wall, S. (1978). *Patterns of attachment: A psychological study of the strange situation.* Lawrence Erlbaum Associates.

Bowlby, J. (1969). *Attachment and loss: Vol. 1. Attachment.* Basic Books.

Erikson, E. H. (1963). Childhood and society (2nd ed.). W. W. Norton & Company.

Freud, A. (1966). *El yo y los mecanismos de defensa.* Paidós. (Traducción de Y. P. de Cárcamo y C. E. Cárcamo).

Freud, S. (2003). *Tres ensayos sobre teoría sexual* (Obra original publicada en 1905). Amorrortu Editores.

Klein, M. (1991). *Envidia y gratitud y otros escritos* (1946-1963). Paidós. (Obra original publicada en 1946).

Lacan, J. (1984). El estadio del espejo como formador de la función del yo. En J. Lacan, *Escritos* (Vol. 1, pp. 85-94). Siglo XXI Editores. (Obra original publicada en 1949).

Piaget, J. (1959). El juicio moral en el niño. Editorial Ariel.

Piaget, J. (1972). *La epistemología genética.* Editorial Ariel.

Vygotsky, L. S. (1978). *Mind in society: The development of higher psychological processes.* Harvard University Press.

Vygotsky, L. S. (2001). *El desarrollo de los procesos psicológicos superiores.* Crítica. (Obra original publicada en 1934).

Winnicott, D. W. (1990). *Realidad y juego.* Gedisa. (Obra original publicada en 1951).

Winnicott, D. W. (1965). *The maturational processes and the facilitating environment: Studies in the theory of emotional development.* International Universities Press.

www.ingramcontent.com/pod-product-compliance
Lightning Source LLC
Chambersburg PA
CBHW061236270326
41930CB00021B/3482